Dr. Oetker

KOCHEN
MIT DEM
EINTOPF-OFEN

Dr. Oetker

KOCHEN

MIT DEM

EINTOPF-OFEN

Weltbild

VORWORT

Ob Geburtstag, Einweihungsparty oder Straßenfest: Wer gleich für viele Gäste kochen möchte, hat die richtige Wahl mit einem Eintopf-Ofen getroffen.

Draußen köstliche Eintöpfe wie Chili con Carne oder eine Mitternachts-Tomatensuppe zu servieren macht das Zusammensein zu einem unvergesslichen Event. Und wenn es richtig kalt ist, kann auch ein Glas Glühwein die Kälte mildern.

Im Sommer ist dann Grillen angesagt. Einfach Holzkohle in den dafür vorgesehenen Behälter geben, anzünden, warten bis die Holzkohle glüht, und dann Schweinenackensteaks, Maiskolben oder auch mal einen Bratapfel grillen. Für jeden Ihrer Gäste ist etwas dabei.

Alle Rezepte wurden ausprobiert und so beschrieben, dass sie Ihnen garantiert gelingen.

GULASCHSUPPE
MIT SAURE-SAHNE-DIP

je 1 ½ kg Schweine- und Rindergulasch
6 Gemüsezwiebeln (je etwa 225 g)
6 Knoblauchzehen
1,2 kg rote und gelbe Paprikaschoten
1 ½ kg mehligkochende Kartoffeln
100 g Butterschmalz
120 g Tomatenmark
5 l Gemüsebrühe
Salz
Cayennepfeffer
Paprikapulver rosenscharf
Zucker
3 TL gerebelter Thymian

Für den Dip:
1–2 Bund Petersilie
900 g saure Sahne
gem. Pfeffer

6 gestr. EL dunkler Saucenbinder

1. Gulasch mit Küchenpapier trocken tupfen und in etwas kleinere Stücke schneiden. Gemüsezwiebeln abziehen, halbieren und in kleine Würfel schneiden. Knoblauch ebenfalls abziehen und klein würfeln. Paprikaschoten halbieren, entstielen, entkernen und die weißen Scheidewände entfernen. Schotenhälften waschen, abtropfen lassen und in Würfel schneiden. Kartoffeln schälen, abspülen, abtropfen lassen und in kleine Würfel schneiden.

2. Etwas Butterschmalz in dem Kochtopf erhitzen. Einen Teil der Fleischstücke darin unter gelegentlichem Rühren kräftig anbraten. Nach und nach Butterschmalz und Fleischstücke zugeben und ebenfalls mit anbraten. Danach Zwiebel-, Knoblauch- und Paprikawürfel portionsweise hinzugeben und unter Rühren mit anbraten. Zum Schluss Kartoffelwürfel und Tomatenmark zu den Zutaten in den Topf geben und 2–3 Minuten mitbraten lassen. Brühe hinzugießen und mit Salz, Cayennepfeffer, Paprika, Zucker und Thymian würzen.

3. Die Zutaten zum Kochen bringen und zugedeckt etwa 70 Minuten leicht kochen lassen.

4. In der Zwischenzeit für den Dip Petersilie abspülen und trocken tupfen. Die Blättchen von den Stängeln zupfen und klein schneiden. Saure Sahne mit der Petersilie in einer Schüssel verrühren. Den Dip mit Salz und Pfeffer abschmecken.

5. Den Saucenbinder in die gare Suppe rühren und 1–2 Minuten kochen lassen. Die Gulaschsuppe mit Salz, Pfeffer und Paprika abschmecken und servieren. Den Saure-Sahne-Dip dazureichen.

Beilage: Ofenwarmes Kräuter- oder Knoblauchbaguette.

Zubereitungszeit: 2 Stunden | Garzeit: etwa 70 Minuten |
24 Portionen | Pro Portion: E: 28 g, F: 22 g, Kh: 17 g, kcal: 379

TIPP

Das Fleisch immer portionsweise anbraten, die Röststoffe geben den typischen Geschmack für die Suppe. Ersetzen Sie 500 ml der Brühe durch Rotwein.

CHILI CON CARNE

1,6 kg reife Tomaten oder 4 Dosen (je 400 g) geschälte Tomaten
8 Zwiebeln
8 Knoblauchzehen
300 g durchwachsener Speck
je 4 rote und grüne Paprikaschoten (je etwa 150 g)
6 EL Speiseöl, z.B. Sonnenblumenöl
1,6 kg Rindergehacktes
Salz
gem. Pfeffer
1 ¼ l Gemüsebrühe
2 kg Kidneybohnen (aus Dosen)
Chilipulver
4–8 TL Paprikapulver edelsüß
4 TL getrockneter, gerebelter Oregano

1. Tomaten waschen, abtropfen lassen, kreuzweise einschneiden und kurz in kochendes Wasser legen, dann in kaltem Wasser abschrecken. Tomaten enthäuten, halbieren und die Stängelansätze herausschneiden. Tomaten würfeln oder Dosentomaten in der Dose zerkleinern.

2. Zwiebeln und Knoblauchzehen abziehen und fein würfeln. Vom Speck die Schwarte abschneiden. Speck würfeln. Paprikaschoten halbieren, entstielen, entkernen und die weißen Scheidewände entfernen. Schoten waschen, abtropfen lassen und in Streifen schneiden.

3. Öl in dem Kochtopf erhitzen. Zwiebel-, Knoblauch- und Speckwürfel darin andünsten. Gehacktes zugeben und unter Rühren darin braun und gar braten. Dabei die Fleischklümpchen mit dem Kochlöffel zerdrücken. Mit Salz und Pfeffer würzen.

4. Paprikastreifen und Gemüsebrühe zufügen, zum Kochen bringen und mit Deckel etwa 5 Minuten bei mittlerer Hitze schmoren.

5. Bohnen in ein Sieb geben, kalt abspülen und abtropfen lassen. Tomatenwürfel (Dosentomaten mit dem Saft) und Bohnen unterrühren. Mit Chili-, Paprikapulver und Oregano würzen und mit Deckel noch etwa 10 Minuten bei schwacher Hitze kochen, dabei öfter umrühren. Das Chili mit Salz und Pfeffer abschmecken.

Beilage: Warmes Fladenbrot oder Roggenbrötchen.

Zubereitungszeit: 60–70 Minuten | Schmorzeit: etwa 15 Minuten | 20–24 Portionen | Pro Portion: E: 29 g, F: 19 g, Kh: 22 g, kcal: 379

TIPP

Anstatt des Chilipulvers können Sie auch 3–4 rote Chilischoten längs aufschneiden, entstielen, entkernen, abspülen und fein gewürfelt mitschmoren lassen. Sollte zu viel Flüssigkeit verdampfen, geben Sie nach Bedarf noch Gemüsebrühe hinzu. Das Chili ist gefriergeeignet.

KARTOFFELSUPPE
MIT WIENER WÜRSTCHEN

6 Bund Suppengrün
(Möhren, Lauch, Sellerie)
4 ½ kg mehligkochende Kartoffeln
100 ml Sonnenblumenöl
6 l Gemüsebrühe
6 Lorbeerblätter
6 TL gerebelter Majoran
Salz
gem. Pfeffer
3 kg Wiener Würstchen

1. Suppengrün putzen. Dazu Sellerie schälen. Möhren putzen und schälen. Sellerie und Möhren abspülen und abtropfen lassen. Lauch putzen. Die Stangen längs halbieren, gründlich waschen und abtropfen lassen. Vorbereitetes Suppengrün grob würfeln.

2. Kartoffeln schälen, abspülen, abtropfen lassen, in Stücke schneiden.

3. Öl in dem Kochtopf erhitzen. Zuerst das vorbereitete Suppengrün darin unter Rühren andünsten, danach die Kartoffelstücke hinzufügen und kurz mitdünsten.

4. Die Brühe hinzugießen. Lorbeerblätter und Majoran hinzugeben. Das Ganze zum Kochen bringen. Suppe zugedeckt bei mittlerer Hitze etwa 20 Minuten kochen lassen, dabei öfter umrühren. Evtl. etwas Gemüsebrühe nachgießen.

5. Die Lorbeerblätter entfernen und die Suppe mit einem Kartoffelstampfer etwas zerdrücken. Die Suppe mit Salz und Pfeffer abschmecken.

6. Die Wiener Würstchen ganz oder in Scheiben geschnitten in der Suppe erhitzen.

Beilage: Bauern- oder Zwiebelbrot.

Zubereitungszeit: 2 Stunden | Garzeit: etwa 20 Minuten | 24 Portionen | Pro Portion: E: 23 g, F: 40 g, Kh: 26 g, kcal: 561

TIPP

Anstatt der Wiener Würstchen können Sie auch 20–24 Rauchenden (Mettenden) etwa 15 Minuten in der Suppe mitkochen. Die Rauchenden nach Belieben vor dem Servieren in Scheiben schneiden. Bestreuen Sie die Suppe vor dem Servieren mit 2 Bund gehackter Petersilie.

LUMPENSUPPE

Titelrezept

2 kg Zwiebeln
6 Knoblauchzehen
600 g Möhren
2,4 kg Rindfleisch am Stück (für Gulasch)
100 ml Speiseöl, z.B. Sonnenblumenöl
Salz
gem. Pfeffer
4 EL Paprikapulver edelsüß
4 gestr. TL gerebelter Thymian
4 Lorbeerblätter
5 l Fleischbrühe
630 g Champignons in Scheiben (aus dem Glas)
600 g TK-Erbsen
640 g Tomatenpaprika in Streifen (aus dem Glas)
etwa 6 EL heller Saucenbinder
600 g Tomatenketchup

1. Zwiebeln und Knoblauch abziehen und in feine Würfel schneiden. Möhren putzen, schälen, abspülen, abtropfen lassen und in Würfel schneiden.

2. Rindfleisch mit Küchenpapier trocken tupfen und in etwa 1 cm große Würfel schneiden. Etwas Speiseöl in dem Kochtopf erhitzen und einen Teil der Fleischwürfel darin anbraten. Nach und nach Öl und Fleischwürfel zugeben und ebenfalls anbraten. Mit Salz, Pfeffer und Paprikapulver würzen.

3. Zwiebel-, Knoblauch-, und Möhrenwürfel zu dem Fleisch geben und andünsten. Thymian und Lorbeerblätter unterrühren. Brühe zugeben und zum Kochen bringen.

4. Die Suppe zugedeckt bei mittlerer Hitze etwa 45 Minuten köcheln lassen, das Fleisch sollte fast gar sein. Ab und zu durchrühren.

5. Champignons in einem Sieb abtropfen lassen. Champignons, tiefgefrorene Erbsen und Tomatenpaprika mit der Flüssigkeit in die Suppe geben. Suppe wieder zum Kochen bringen und etwa 5 Minuten köcheln lassen. Den Saucenbinder einrühren und 1–2 Minuten mitkochen lassen.

6. Ketchup in die Suppe einrühren und die Suppe nochmals kurz aufkochen. Lorbeerblätter entfernen. Die Suppe mit Salz, Pfeffer und Paprikapulver abschmecken.

Abwandlung Titelrezept: Geben Sie anstatt der TK-Erbsen TK-Bohnen und 3–4 abgespülte rote Chilischoten zur Suppe. Die Garzeit erhöht sich dann um etwa 5 Minuten.

Beilage: Bauernbrot.

Zubereitungszeit: 1 ½ Stunden | Garzeit: etwa 60 Minuten | 24 Portionen | Pro Portion: E: 25 g, F: 12 g, Kh: 18 g, kcal: 284

TIPP

Damit die Lorbeerblätter ihren Geschmack voll entfalten können, sollten sie angebrochen oder mit einer Küchenschere eingeschnitten werden. Sie können die Suppe zusätzlich mit 3–4 Teelöffeln gerebeltem Oregano oder Thymian würzen.

JÄGERSUPPE

6 Zwiebeln
150 g Butter
555 g abgetropfte Pfifferlinge (aus dem Glas)
465 g abgetropfte Stockschwämmchen (aus dem Glas)
945 g abgetropfte Champignons (aus dem Glas)
3 l Gemüsebrühe
1 ½ l Rotwein
750 ml roter Traubensaft
3 Beutel Fix für Jägertopf „Hubertus"
660 g Wild-Preiselbeeren (aus dem Glas)
6 ungebrühte, grobe Bratwürste
einige Stängel glatte Petersilie
Salz
gem. Pfeffer
2–3 TL gerebelter Thymian
2 TL gerebelter Rosmarin

1. Zwiebeln abziehen und würfeln. Butter in dem Kochtopf zerlassen. Die Zwiebelwürfel darin andünsten.

2. Pilze hinzufügen und kurz mitdünsten. Gemüsebrühe hinzugießen, alles zum Kochen bringen und etwa 5 Minuten kochen lassen.

3. Rotwein und Traubensaft hinzufügen. Fix für Jägertopf mit einem Schneebesen einrühren. Den Jägertopf zum Kochen bringen und öfter umrühren, damit er nicht anbrennt. Die Preiselbeeren dazugeben.

4. Die Bratwurstmasse portionsweise aus der Haut drücken, zu Klößchen formen und in die Suppe geben. Die Klößchen bei schwacher Hitze etwa 5 Minuten garen.

5. Petersilie abspülen, trocken tupfen, die Blättchen von den Stängeln zupfen und klein schneiden.

6. Die Suppe mit Salz, Pfeffer, Thymian und Rosmarin würzen, mit Petersilie bestreut servieren.

Beilage: Körner- oder Zwiebelbaguette.

Zubereitungszeit: 60 Minuten | Garzeit: etwa 20 Minuten | 24 Portionen | Pro Portion: E: 7 g, F: 14 g, Kh: 13 g, kcal: 243

TIPP

Für einen intensiveren Kräutergeschmack können die Kräuter mit der Gemüsebrühe zugegeben werden. Sie können die Suppe auch mit 2 kg frischen Pilzen (weißen und braunen Champignons, Austernpilzen und Pfifferlingen) zubereiten.

GEMÜSESUPPE, SCHARFE

4 Bund Suppengrün
(Möhre, Sellerie, Lauch)
12 Zwiebeln
8 Knoblauchzehen
4 Chilischoten
6 Stangen Lauch
100 ml Speiseöl
100 g Tomatenmark
Salz
gem. Pfeffer
600 g grüne TK-Bohnen
5 l Gemüsebrühe
3,2 kg stückige Tomaten
(aus Dosen)

8 Baguettes mit
Kräuterbutter zum Aufbacken
(je 175 g, aus dem Kühlregal)

2 Bund Petersilie
1 kg Kidneybohnen (aus Dosen)
2–4 TL Paprikapulver rosenscharf

1. Das Suppengrün putzen, waschen, abtropfen lassen und klein schneiden. Zwiebeln und Knoblauch abziehen, fein hacken. Von den Chilischoten die Stängelansätze abschneiden, die Kerne mit einem spitzen Messer herauskratzen. Die Schoten waschen, abtropfen lassen und in Ringe schneiden.

2. Lauch putzen, die Stangen längs halbieren, gründlich waschen und abtropfen lassen. Lauch in Streifen schneiden.

3. Öl in dem Kochtopf erhitzen. Zwiebeln, Knoblauch und Suppengrün darin andünsten. Tomatenmark unterrühren und kurz mitdünsten, mit Salz und Pfeffer bestreuen. Lauch, grüne Bohnen und Chili unterrühren. Brühe hinzugießen und zum Kochen bringen. Suppe etwa 10 Minuten bei mittlerer Hitze kochen.

4. Stückige Tomaten unterrühren und die Suppe weitere etwa 10 Minuten kochen.

5. Kräuterbaguettes nach Packungsanleitung aufbacken. Petersilie abspülen, trocken tupfen, die Blätter von den Stängeln zupfen und fein schneiden. Kidneybohnen in ein Sieb geben, mit kaltem Wasser abspülen und abtropfen lassen.

6. Kidneybohnen in die Suppe geben und erhitzen. Die Suppe mit Salz, Pfeffer und Paprikapulver abschmecken, mit Petersilie bestreuen. Baguettes in Scheiben schneiden und zur Suppe servieren.

Zubereitungszeit: 100 Minuten | Garzeit: etwa 30 Minuten | 24 Portionen | Pro Portion: E: 11 g, F: 13 g, Kh: 38 g, kcal: 313

TIPP

Würzen Sie die Suppe zusätzlich mit 3 Teelöffeln getrockneten italienischen Kräutern und verwenden Sie anstatt der Kidneybohnen weiße Bohnen. Die weißen Bohnen aus der Dose werden nicht abgespült.
Sie können auch einfache Baguettes in Scheiben schneiden und dazu Kräuterbutter servieren.

HACKFLEISCHSUPPE, SÜSSSAURE

2 Gemüsezwiebeln
8 Knoblauchzehen
3 kg gemischtes Gehacktes (halb Rind-, halb Schweinefleisch)
100 ml Speiseöl
Salz
gem. Pfeffer
500 g Langkornreis
6 l Gemüsebrühe
1 kg Zucchini
600 g Cocktailtomaten
4 Flaschen (je 250 ml) süßsaure Asia-Sauce
500 g TK-Erbsen
Cayennepfeffer

1. Zwiebeln und Knoblauch abziehen. Zwiebeln in grobe Würfel schneiden, Knoblauch fein hacken.

2. Einen Teil des Gehackten in etwas Öl in dem Kochtopf anbraten, dabei die Fleischklümpchen zerdrücken. Nach und nach Öl und Gehacktes zugeben und ebenfalls anbraten, dabei die Fleischklümpchen zerdrücken. Mit Salz und Pfeffer würzen.

3. Zwiebeln, Knoblauch und Reis zu dem Gehackten geben und mit andünsten. Brühe dazugeben, alles zum Kochen bringen und im geschlossenen Topf bei schwacher Hitze etwa 10 Minuten kochen, dabei ab und zu durchrühren.

4. In der Zwischenzeit Zucchini waschen, abtrocknen, die Enden abschneiden. Zucchini der Länge nach halbieren und in Scheiben schneiden. Cocktailtomaten waschen und halbieren.

5. Asia-Sauce und Zucchinischeiben zur Suppe geben, alles wieder zum Kochen bringen und etwa 5 Minuten weitergaren.

6. Cocktailtomaten und unaufgetaute Erbsen in die Suppe geben und alles etwa 5 Minuten köcheln lassen. Die Suppe mit Cayennepfeffer abschmecken.

Beilage: Ciabatta.

Zubereitungszeit: 70 Minuten | Garzeit: 20–25 Minuten |
24 Portionen | Pro Portion: E: 28 g, F: 39 g, Kh: 37 g, kcal: 645

TIPP

Wer es besonders scharf mag, kann die Suppe noch mit Sambal Oelek würzen. Wenn die Asianote betont werden soll, kann Asia-Gewürzmischung oder 5-Kräuter-Gewürz mitgekocht werden.

BUNTER LINSENEINTOPF

600 g rote Linsen
600 g grüne Linsen
600 g schwarze Linsen
6 rote Zwiebeln
3 Knoblauchzehen
300 g Südtiroler Bauernspeck
1 ½ kg Lyoner Wurst (Fleischwurst)
3 dicke Möhren
300 g Knollensellerie
3 kleine Stangen Lauch
6 EL Olivenöl
3 EL Zucker
6–9 EL Balsamico-Essig
etwa 6 l Fleischbrühe
3 Stängel Rosmarin
3 Lorbeerblätter
Salz
gem. Pfeffer

2–3 Bund Schnittlauch
450 g Crème fraîche

1. Die Linsen in ein Sieb geben, unter fließendem kalten Wasser abspülen, abtropfen lassen und in eine Schüssel geben. Kaltes Wasser hinzugießen, sodass die Linsen ganz bedeckt sind. Linsen über Nacht einweichen. Danach in einem Sieb abtropfen lassen. Das Einweichwasser dabei auffangen.

2. Zwiebeln und Knoblauch abziehen, jeweils in kleine Würfel schneiden. Bauernspeck in feine Streifen schneiden. Die Lyoner Wurst in etwa 1 cm große Würfel schneiden. Möhren und Sellerie putzen, schälen, abspülen, abtropfen lassen und ebenfalls in 1 cm große Würfel schneiden. Lauch putzen, die Stangen längs halbieren, gründlich waschen, abtropfen lassen und in sehr kleine Stücke schneiden.

3. Das Olivenöl in dem Kochtopf erhitzen. Zwiebel- und Knoblauchwürfel darin andünsten. Speckstreifen und Wurstwürfel hinzugeben und mitdünsten lassen.

4. Linsen, Möhren-, Selleriewürfel und Lauchstückchen hinzugeben. Mit Zucker bestreuen und die Zutaten unter Rühren karamellisieren lassen. Mit Balsamico-Essig ablöschen. Das aufgefangene Einweichwasser mit Brühe auf 6 l ergänzen, hinzugießen und zum Kochen bringen.

5. Rosmarin abspülen, trocken tupfen und mit den Lorbeerblättern hinzugeben. Mit Salz und Pfeffer würzen. Den Eintopf zugedeckt 15–20 Minuten bei schwacher Hitze kochen lassen, dabei öfter umrühren.

6. Schnittlauch abspülen, trocken tupfen und in kleine Röllchen schneiden. Den Eintopf nochmals mit den Gewürzen abschmecken und mit Schnittlauchröllchen bestreut servieren. Crème fraîche dazureichen.

Beilage: Körnerbaguette oder Roggenbrötchen.

Zubereitungszeit: 1 ½ Stunden, ohne Einweichzeit | Garzeit: 15–20 Minuten | 24 Portionen | Pro Portion: E: 40 g, F: 30 g, Kh: 59 g, kcal: 670

TIPP

Eine exotische Note bekommt der Linseneintopf, wenn Sie 10–12 grüne Kardamomkapseln (leicht angedrückt) mitkochen.

MITTERNACHTS-TOMATENSUPPE

4 kg reife Tomaten
8 Gemüsezwiebeln
10 Knoblauchzehen
100 ml Olivenöl
1 ½ l Gemüsebrühe
3,2 kg geschälte Tomaten (aus Dosen)
6 Stangen Lauch
Salz
gem. Pfeffer
3–4 TL gerebelter Oregano
12 ungebrühte, grobe Bratwürste
1 Topf glatte Petersilie
300 g Crème fraîche oder Schmand (Sauerrahm)

1. Tomaten waschen, abtropfen lassen, halbieren und die Stängelansätze herausschneiden. Tomaten in grobe Stücke schneiden. Gemüsezwiebeln und Knoblauch abziehen und grob würfeln.

2. Öl in dem Kochtopf erhitzen. Zwiebel- und Knoblauchwürfel darin andünsten. Tomatenstücke hinzufügen, mit andünsten und Brühe hinzugießen. Zerkleinerte Tomaten mit der Flüssigkeit aus den Dosen dazugeben, alles zum Kochen bringen und etwa 20 Minuten bei mittlerer Hitze kochen lassen, dabei öfter umrühren.

3. In der Zwischenzeit Lauch putzen, die Stangen längs halbieren, gründlich waschen und in Streifen schneiden. Die Suppe mit Salz, Pfeffer und Oregano würzen und nach Belieben pürieren. Die Lauchstreifen in die Suppe geben und wieder zum Kochen bringen.

4. Die Bratwurstmasse aus der Haut drücken und als kleine Klößchen ebenfalls in die Suppe geben. Alles zusammen noch etwa 10 Minuten garen. Die Tomatensuppe kräftig mit den Gewürzen abschmecken.

5. Petersilie abspülen, trocken tupfen, die Blättchen von den Stängeln zupfen, in Streifen schneiden und in die Suppe geben.

6. Die Suppe in Suppentellern oder -tassen anrichten und mit je 1 Klecks Crème fraîche oder Schmand servieren.

Beilage: Ciabatta mit Oliven oder Focaccia.

Zubereitungszeit: 1 ¾ Stunden | Garzeit: etwa 35 Minuten | 24 Portionen | Pro Portion: E: 16 g, F: 29 g, Kh: 13 g, kcal: 375

TIPP

Sollte die Mitternachts-Tomatensuppe zu sämig sein, kann sie mit Gemüsebrühe verdünnt werden.

GYROSSUPPE

12 EL Speiseöl oder
120 g Butterschmalz
3,4 kg Schweinegeschnetzeltes (Gyros, fertig gewürzt, vom Metzger)
800 g Schlagsahne
800 ml Wasser
12 Zwiebeln
je 8 rote und grüne Paprikaschoten
100 ml Olivenöl
3 l Wasser
6 Beutel Zwiebelsuppenpulver (für je 750 ml Flüssigkeit)
2 Gläser Zigeuner- oder Chilisauce (je 500 ml)
500 g Schmelzkäse
Salz
gem. Pfeffer
3–4 TL gerebelter Thymian

1. Am Vortag etwas Speiseöl oder Butterschmalz in einer oder zwei großen Pfannen erhitzen. Eine Portion des Geschnetzelten darin etwa 3 Minuten anbraten. Die Fleischstreifen in zwei große Auflaufformen geben. Restliches Öl oder Butterschmalz portionsweise erhitzen, das Fleisch portionsweise darin anbraten und auf die Formen verteilen. Sahne mit dem Wasser verrühren und darübergießen.

2. Die Auflaufformen mit Frischhaltefolie zudecken. Das Geschnetzelte im Kühlschrank über Nacht durchziehen lassen.

3. Am nächsten Tag Zwiebeln abziehen, halbieren und in feine Scheiben schneiden. Die Paprikaschoten halbieren, entstielen, entkernen und dann die weißen Scheidewände entfernen. Schotenhälften waschen, abtropfen lassen und in schmale Streifen schneiden.

4. Die Hälfte des Olivenöls in dem Kochtopf erhitzen. Die Hälfte der Zwiebelscheiben und Paprikastreifen darin unter Rühren andünsten. Restliches Öl, Zwiebelscheiben und Paprikastreifen zugeben und mit andünsten. Wasser hinzugießen und zum Kochen bringen. Das Zwiebelsuppenpulver in die kochende Flüssigkeit rühren und 5–8 Minuten bei schwacher Hitze kochen lassen. Dabei öfter umrühren.

5. Zigeuner- oder Chilisauce, Schmelzkäse und die in Sahne eingelegten Fleischstreifen in die Suppe geben, zum Kochen bringen und öfter umrühren, damit nichts anbrennt. Die Zutaten unter Rühren köcheln lassen, bis der Käse geschmolzen ist.

6. Die Gyrossuppe mit Salz, Pfeffer und Thymian pikant abschmecken.

Beilage: Warmes Fladenbrot.

Zubereitungszeit: 1 ½ Stunden, ohne Durchziehzeit | Garzeit: etwa 15 Minuten | 24 Portionen | Pro Portion: E: 37 g, F: 43 g, Kh: 23 g, kcal: 630

TIPP

Typisch für Gyros ist, dass das Fleisch bereits mit Knoblauch und dem Gyros-Gewürzsalz gewürzt ist.

OuzO

MEXIKO-EINTOPF

8–10 Zwiebeln
6 Knoblauchzehen
12 rote Paprikaschoten
6 rote Chilischoten
6 Stangen Lauch (etwa 1 kg)
100 ml Speiseöl,
z.B. Sonnenblumenöl
3 l Gemüsebrühe
4,8 kg geschälte Tomaten (aus Dosen)
Salz
gem. Pfeffer
12 kleine Zucchini (etwa 2 ½ kg)
1 ½ kg Kidneybohnen (aus Dosen)
570 g Gemüsemais (aus Dosen)

Außerdem:
1,6–2 kg Hackfleischbällchen (ersatzweise Mini-Frikadellen, beides aus dem Kühlregal)

1. Zwiebeln und Knoblauch abziehen, halbieren und würfeln. Paprikaschoten halbieren, entstielen, entkernen und die weißen Scheidewände entfernen. Anschließend die Schoten abspülen, abtropfen lassen und grob würfeln. Chilischoten längs aufschneiden, entkernen und die Scheidewände herausschneiden. Die Schoten abspülen, trocken tupfen und grob hacken.

2. Lauch putzen, die Stangen längs halbieren, gründlich waschen und abtropfen lassen. Lauch in Streifen schneiden. Etwas Öl in dem Kochtopf erhitzen. Jeweils einen Teil von Zwiebeln, Knoblauch, Chili und Gemüse darin andünsten. Nach und nach Öl und die restlichen Zwiebeln, Knoblauch, Chili und Gemüse zugeben und mit andünsten. Brühe dazugießen, zum Kochen bringen und bei schwacher Hitze etwa 10 Minuten zugedeckt kochen lassen. Dabei ab und zu umrühren.

3. Die Tomaten in den Dosen etwas klein schneiden, mit dem Saft hinzufügen und alles erneut aufkochen lassen. Den Eintopf mit Salz und etwas Pfeffer abschmecken und die Gemüsezutaten nach Belieben in der Brühe fein pürieren.

4. Zucchini abspülen, abtrocknen und die Enden abschneiden. Anschließend Zucchini evtl. der Länge nach halbieren und in Scheiben schneiden. Bohnen und Mais in ein Sieb geben, kurz mit kaltem Wasser abspülen und abtropfen lassen. Zucchini, Bohnen und Mais in den Eintopf geben und bei schwacher Hitze weitere 5–8 Minuten köcheln lassen. Ab und zu umrühren. Hackfleischbällchen (oder Mini-Frikadellen) dazugeben und im Eintopf etwa 5 Minuten erwärmen.

5. Den Eintopf vor dem Servieren nochmals mit Salz und Pfeffer abschmecken.

Beilage: Herzhaftes Mischbrot, Taco-Chips oder ofenwarme Tortillas (dünne Brotfladen aus Maismehl).

Zubereitungszeit: 1 ½ Stunden | Garzeit: etwa 30 Minuten | 24 Portionen | Pro Portion: E: 23 g, F: 19 g, Kh: 35 g, kcal: 427

TIPP

Für eine vegetarische Variante die Hackfleischbällchen durch fertige Falafel-Bällchen ersetzen.

QUER DURCH DEN GARTEN

2 kg Kasseler Nacken (ohne Knochen)
1 ¼ kg Möhren
1 ¼ kg Kohlrabi
1 ¼ kg Fenchelknolle
2 ½ kg Kartoffeln
150 g Butterschmalz
4 l Gemüsebrühe
5 Bund Frühlingszwiebeln
1 kg Champignons
750 g Crème fraîche mit frischen Kräutern
Salz
gem. Pfeffer
gem. Koriander
10 EL klein geschnittener Dill
5 EL klein geschnittene Petersilie

1. Kasseler mit Küchenpapier trocken tupfen und in 1–1 ½ cm große Würfel schneiden.

2. Möhren und Kohlrabi putzen, schälen, abspülen, abtropfen lassen und in Würfel schneiden. Fenchelknolle putzen, abspülen, abtropfen lassen und das Grün beiseitelegen. Die Fenchelknolle halbieren und in kleine Würfel schneiden. Kartoffeln schälen, abspülen, abtropfen lassen und in Würfel schneiden.

3. Butterschmalz in dem Kochtopf erhitzen. Die Fleischwürfel darin von allen Seiten anbraten. Das vorbereitete Gemüse und die Kartoffelwürfel evtl. portionsweise hinzugeben und 4–5 Minuten unter Rühren andünsten.

4. Brühe hinzugießen und zum Kochen bringen. Alles zugedeckt etwa 15 Minuten bei mittlerer Hitze garen. Dabei ab und zu umrühren.

5. In der Zwischenzeit Frühlingszwiebeln putzen, abspülen, abtropfen lassen und in Scheiben schneiden. Champignons putzen, evtl. kurz abspülen, trocken tupfen und in dünne Scheiben schneiden. Beides in den Eintopf geben und etwa 3 Minuten mitgaren. Beiseitegelegtes Fenchelgrün fein schneiden.

6. Crème fraîche und Fenchelgrün unter den Eintopf rühren. Den Eintopf mit Salz, Pfeffer und Koriander würzen. Dill und Petersilie unterrühren. Den Eintopf anrichten und sofort servieren.

Beilage: Bauernbrot.

Zubereitungszeit: 2 Stunden | Garzeit: etwa 25 Minuten | 24 Portionen | Pro Portion: E: 20 g, F: 22 g, Kh: 24 g, kcal: 372

TIPP

Wenn Sie den Eintopf ohne Fleisch servieren möchten, können Sie grob geriebenen Gouda (etwa 750 g) oder gewürfelten Schafskäse (etwa 1 kg) dazureichen.

PIZZASUPPE

1 ½ kg gelbe Paprikaschoten
1 kg Lauch
9 Knoblauchzehen
100 ml Olivenöl
4–5 TL gerebelter Thymian
6 Lorbeerblätter
2 ¼ l Gemüsebrühe
1,2 kg Champignons in Scheiben (aus Gläsern)
1 ½ kg Kidneybohnen (aus Dosen)
1 Topf Basilikum
2 ½ kg passierte Tomaten (aus dem Tetrapak)
750 g Crème fraîche
Salz
gem. Pfeffer
Paprikapulver rosenscharf

1. Paprika halbieren, entstielen, entkernen und die weißen Scheidewände entfernen. Die Schoten waschen, abtropfen lassen und in Streifen schneiden. Lauch putzen. Die Stangen längs halbieren, gründlich waschen, abtropfen lassen und in Streifen schneiden. Knoblauch abziehen und durch eine Knoblauchpresse drücken.

2. Olivenöl in dem Kochtopf erhitzen. Knoblauch, Paprika- und Lauchstreifen darin andünsten. Thymian und Lorbeerblätter dazugeben. Brühe hinzugießen, umrühren und alles zum Kochen bringen. Die Suppe zugedeckt etwa 15 Minuten bei schwacher Hitze köcheln lassen. Dabei ab und zu umrühren.

3. Champignons und Kidneybohnen in ein Sieb geben, mit kaltem Wasser abspülen und abtropfen lassen. Basilikum abspülen und trocken tupfen. Die Blättchen von den Stängeln zupfen. Etwa die Hälfte der Blätter in feine Streifen schneiden.

4. Passierte Tomaten, Champignons und Kidneybohnen hinzufügen. Die Suppe umrühren und nochmals aufkochen lassen. Crème fraîche mit etwas Suppe glatt rühren, dann unter die restliche Suppe rühren und miterhitzen. Die Suppe mit Salz, Pfeffer und Paprika abschmecken. Lorbeerblätter entfernen. In Streifen geschnittenes Basilikum unterrühren.

5. Die Suppe mit den restlichen Basilikumblättchen garniert servieren.

Beilage: Ciabatta, evtl. mit Oliven, Kräuter- oder Knoblauchbaguette.

Zubereitungszeit: 1 ½ Stunden | Garzeit: etwa 25 Minuten | 24 Portionen | Pro Portion: E: 8 g, F: 11 g, Kh: 15 g, kcal: 193

TIPP

Die Kidneybohnen können durch weiße Bohnen aus der Dose ersetzt werden. Ein Teil des Lauchs kann durch Frühlingszwiebeln ersetzt werden.

GRÜNKOHLSUPPE
NACH PORTUGIESISCHER ART

4 kg Grünkohl (gestrippt)
Salz
1 kg Möhren
2 ½ kg mehligkochende Kartoffeln
1 kg Gemüsezwiebeln
8 Knoblauchzehen
1,2 kg Chorizo (spanische Knoblauch-Paprika-Wurst, in Scheiben) oder Salami
8 EL Olivenöl
6 l Gemüse- oder Fleischbrühe

160 g Pinienkerne
4 Bund glatte Petersilie
4 Baguettes (je etwa 250 g)
800 g Ziegenfrischkäse
gem. Pfeffer

1. Grünkohl gründlich waschen, portionsweise in kochendem Salzwasser etwa 2 Minuten blanchieren, abgießen, mit kaltem Wasser abschrecken, abtropfen lassen und klein schneiden.

2. In der Zwischenzeit die Möhren putzen. Möhren und Kartoffeln schälen, abspülen, abtropfen lassen und grob würfeln. Gemüsezwiebeln und Knoblauchzehen abziehen und würfeln.

3. Chorizo-Wurst oder Salami evtl. in Stücke schneiden. Olivenöl in dem Kochtopf erhitzen und die Wurstscheiben darin kurz anbraten. Dann nach und nach den Grünkohl, die Möhren-, Kartoffel-, Zwiebel- und Knoblauchwürfel hinzugeben und unter Rühren andünsten.

4. Die Brühe hinzugießen und zum Kochen bringen. Die Zutaten etwa 45 Minuten köcheln lassen. Dabei ab und zu durchrühren.

5. Inzwischen die Pinienkerne in einer Pfanne ohne Fett unter Rühren anrösten und dann auf einen Teller geben. Die Petersilie abspülen, trocken tupfen, die Blättchen von den Stängeln zupfen und fein hacken.

6. Baguettes in Scheiben schneiden. Die Scheiben mit dem Ziegenfrischkäse bestreichen und mit Pinienkernen bestreuen. Die Suppe mit Salz und Pfeffer abschmecken, mit Petersilie bestreut servieren. Die Baguettescheiben dazureichen.

Zubereitungszeit: 2 ¼ Stunden | Garzeit: etwa 45 Minuten | 24 Portionen | Pro Portion: E: 27 g, F: 31 g, Kh: 48 g, kcal: 584

TIPP

Der Ziegenfrischkäse kann durch Doppelrahm-Frischkäse ersetzt werden.
Der Grünkohl kann gut am Vortag oder einige Stunden vor dem Gebrauch blanchiert werden. Sie können auch TK-Grünkohl (aufgetaut) verwenden.

WIRSINGEINTOPF

3 kg Rind- oder Lammfleisch (aus der Schulter)
12 Zwiebeln
100 ml Speiseöl, z.B. Sonnenblumen- oder Rapsöl
Salz
gem. Pfeffer
gem. Kümmel oder Kümmelsamen
4 ½ l heiße Gemüsebrühe
6 kg Wirsing
2 ½ kg mehligkochende Kartoffeln

1. Fleisch mit Küchenpapier trocken tupfen und in etwa 2 cm große Würfel schneiden. Zwiebeln abziehen, halbieren und in Scheiben schneiden.

2. Etwas Öl in dem Kochtopf erhitzen. Einen Teil der Fleischwürfel darin unter Rühren leicht anbraten. Nach und nach Öl und Fleischwürfel zugeben und ebenfalls anbraten. Zwiebelscheiben zufügen und kurz mitdünsten.

3. Die Fleischwürfel mit Salz, Pfeffer und Kümmel würzen. Gemüsebrühe zugießen, zum Kochen bringen und etwa 45 Minuten kochen.

4. Inzwischen von dem Wirsing die äußeren welken Blätter entfernen. Wirsing vierteln, abspülen und abtropfen lassen. Den Strunk herausschneiden. Wirsing in Streifen schneiden, Kartoffeln schälen, abspülen und in Würfel schneiden.

5. Nach Beendigung der Kochzeit Wirsingstreifen und Kartoffelwürfel zufügen, wieder zum Kochen bringen und weitere etwa 20 Minuten garen. Dabei ab und zu durchrühren.

6. Den Eintopf nochmals mit den Gewürzen abschmecken und servieren.

Beilage: Kümmelbaguettes oder Roggenbrötchen.

Zubereitungszeit: 2 ½ Stunden | Garzeit: etwa 65 Minuten | 24 Portionen | Pro Portion: E: 33 g, F: 16 g, Kh: 17 g, kcal: 349

TIPP

Sie können 1 kg Wirsing durch Möhren (geputzt, geschält, gewaschen und in Scheiben geschnitten) ersetzen.

PRÄSIDENTENSUPPE

9 dicke Zwiebeln
6 Knoblauchzehen
100 ml Speiseöl
3 kg Gehacktes (halb Rind-, halb Schweinefleisch)
2,4 kg Sauerkraut (aus Dosen)
420 g Tomatenmark (aus Dosen)
3 l Tomatensaft
3 l Fleischbrühe
Paprikapulver edelsüß
gem. Kümmelsamen
Salz
gem. Pfeffer
Tabasco
24 Gewürzgurken
2–3 Bund Petersilie
900 g saure Sahne

1. Zwiebeln und Knoblauch abziehen. Die Zwiebeln halbieren und in grobe Würfel schneiden. Knoblauch klein würfeln.

2. Etwas Speiseöl in dem Kochtopf erhitzen. Zwiebel- und Knoblauchwürfel darin andünsten.

3. Restliches Öl und Gehacktes portionsweise hinzufügen und unter Rühren anbraten. Dabei die Fleischklümpchen mit einem Kochlöffel zerdrücken. Sauerkraut auseinanderzupfen und hinzufügen.

4. Tomatenmark, -saft und Fleischbrühe hinzugießen. Mit Paprika, Kümmel, Salz und Pfeffer würzen. Die Zutaten zum Kochen bringen und etwa 30 Minuten bei schwacher Hitze kochen lassen. Dabei ab und zu umrühren.

5. Die Suppe mit Tabasco und den Gewürzen abschmecken. Gewürzgurken in feine Scheiben schneiden, hinzufügen und miterhitzen.

6. Die Petersilie abspülen und trocken tupfen. Die Blättchen von den Stängeln zupfen und klein schneiden.

7. Die Suppe in Suppentassen oder -tellern verteilen. Jeweils 1 Klecks saure Sahne in die Suppe geben und mit Petersilie bestreut servieren.

Beilage: Kräftiges Roggenbrot.

Zubereitungszeit: 1 ½ Stunden | Garzeit: etwa 30 Minuten | 24 Portionen | Pro Portion: E: 19 g, F: 21 g, Kh: 7 g, kcal: 302

TIPP

Würzen Sie die Suppe zusätzlich mit 4–6 Lorbeerblättern, die Sie mit dem Sauerkraut zugeben.

SCHWEINENACKENSTEAKS
MIT MALZBIER

500 ml Malzbier
10 Schweinenackensteaks
(ohne Knochen, je etwa 180 g)
gem. Pfeffer
gem. Kümmel
3 EL Speiseöl,
z.B. Sonnenblumenöl

Für die Rote-Bete-Beilage:
1 kg gegarte Rote Bete
(vakuumverpackt)
60 g Butter
100 g Zucker
3 EL heller Balsamico-Essig
2 EL Crema di Balsamico
Salz

1. Das Malzbier in einen Topf gießen und langsam bei schwacher Hitze auf etwa ein Drittel einkochen. Die Malzbierflüssigkeit erkalten lassen.

2. Schweinenackensteaks mit Küchenpapier trocken tupfen, mit Pfeffer und Kümmel würzen. Die Malzbierflüssigkeit mit dem Speiseöl verschlagen und die Steaks damit bestreichen. Die Steaks in eine Schale legen und zugedeckt im Kühlschrank etwa 60 Minuten marinieren.

3. Die Rote-Bete-Knollen je nach Größe vierteln oder sechsteln. Butter in einem Topf zerlassen. Den Zucker daraufstreuen und karamellisieren lassen. Die Rote-Bete-Stücke hinzufügen und unter Rühren glacieren (überglänzen).

4. Rote Bete mit Essig, Crema di Balsamico, Salz und Pfeffer abschmecken und warm halten.

5. Die marinierten Steaks etwas abtropfen lassen, mit Salz würzen, auf den gefetteten Grillrost des heißen Grills legen, etwa 15 Minuten grillen, dabei die Steaks mehrmals wenden, damit sie nicht zu dunkel werden. Die Steaks zusammen mit dem warm gehaltenen Rote-Bete-Gemüse servieren.

Zubereitungszeit: 60 Minuten, ohne Abkühlzeit | Marinierzeit: etwa 60 Minuten | Grillzeit: etwa 15 Minuten | 10 Portionen | Pro Portion: E: 35 g, F: 32 g, Kh: 21 g, kcal: 515

TIPP

Damit der Geschmack der letzten Grillparty nicht am Rost hängen bleibt, vergessen Sie nicht, nach jedem Grillen den erkalteten Grillrost zu säubern. Mit einer Drahtbürste lassen sich die groben Verschmutzungen gut abbürsten. Dann einige Tropfen Spülmittel in warmes Wasser geben und den Rost damit reinigen.

SCHWEINEKOTELETTS
MIT SCHWARTE UND KARAMELLISIERTEM KRAUT

Für das Kraut:
1 Weißkohl (etwa 1 ¼ kg)
2 Zwiebeln
4 EL Speiseöl, z.B. Rapsöl
100 g Zucker
300 ml Gemüse- oder Fleischbrühe
100 ml Weißweinessig
Salz
gem. Pfeffer
1 TL Kümmelsamen

10 Schweinekoteletts (mit Schwarte, je etwa 180 g, beim Metzger vorbestellen)
etwas Speiseöl, z.B. Rapsöl
2 EL mittelscharfer Senf
grob gem. bunter Pfeffer

1. Für das Kraut den Weißkohl putzen, achteln und den Strunk herausschneiden. Den Kohl abspülen, gut abtropfen lassen und in sehr feine Streifen hobeln oder schneiden.

2. Zwiebeln abziehen, halbieren und in Würfel schneiden. Das Speiseöl in einem Bräter oder großen Topf erhitzen. Die Kohlstreifen und Zwiebelwürfel darin andünsten (beides darf ein wenig Farbe nehmen). Den Zucker daraufstreuen, mit einem Holzkochlöffel unterrühren und hellbraun karamellisieren lassen.

3. Brühe und Essig hinzugeben und unterrühren. Das Kraut mit Salz, Pfeffer und Kümmel würzen und etwa 30 Minuten garen. Das Kraut nach Bedarf nochmals mit Salz, Pfeffer und Kümmel abschmecken. Das Kraut warm halten.

4. Die Schweinekoteletts mit Küchenpapier trocken tupfen und die Schwarte 5–6-mal einschneiden. Die Schweinekoteletts leicht salzen, mit ein wenig Speiseöl einstreichen und auf den gefetteten Grillrost des heißen Grills legen, etwa 35 Minuten grillen, dabei die Koteletts mehrmals wenden, damit sie nicht zu dunkel werden.

5. Die gegrillten Koteletts sofort mit dem Senf bestreichen, evtl. zugedeckt nochmals kurz ruhen lassen (dabei warm halten). Die Schweinekoteletts mit dem Pfeffer bestreuen und mit dem karamellisierten, warmen Kraut reichen.

Zubereitungszeit: 80 Minuten | Grillzeit: etwa 35 Minuten | 10 Portionen | Pro Portion: E: 41 g, F: 16 g, Kh: 15 g, kcal: 370

TIPP

Zum Wenden der Schweinekoteletts ist die Grillzange ein praktischer Helfer. Ungeeignet sind Fleischgabeln. Der Stich ins Fleisch hat das Austreten des Fleischsaftes zur Folge und die Koteletts werden trocken.

GEGRILLTE KANINCHENKEULEN

10 Kaninchenkeulen
(je etwa 200 g)
2 Bio-Orangen
(unbehandelt, ungewachst)
2 Bio-Zitronen
(unbehandelt, ungewachst)
1 Topf Thymian
gem. Pfeffer
4 EL Olivenöl

Für den Salat:
5 Köpfe Radicchiosalat
(etwa 1 ¼ kg)
6 EL weißer Balsamico-Essig
1 EL mittelscharfer Senf
Salz
½ TL Zucker
8 EL Olivenöl

1. Die Kaninchenkeulen mit Küchenpapier trocken tupfen und jeweils in 2–3 Stücke teilen (evtl. schon geteilt beim Metzger vorbestellen).

2. Die Zitrusfrüchte heiß abwaschen, abtrocknen und mithilfe eines Julienneschneiders oder Zestenreißers feine Streifen von den Orangen und Zitronen abziehen oder die Schale von den Zitrusfrüchten fein abreiben. Orangen und Zitronen halbieren und den Saft auspressen.

3. Thymian abspülen, trocken tupfen, die Blättchen von den Stängeln zupfen und die Blättchen fein hacken. Thymian mit Zitrusstreifen oder Zitrusschale, Zitrussaft, Pfeffer und Olivenöl vermischen.

4. Die Kaninchenstücke in eine Schale legen und mit der Marinade übergießen. Die Kaninchenstücke zugedeckt etwa 60 Minuten in den Kühlschrank stellen.

5. Für den Salat Radicchiosalat putzen, abspülen und gut abtropfen lassen. Den Salat zuerst in einzelne Blätter, dann in mundgerechte Stücke zupfen.

6. Balsamico-Essig mit Senf verrühren, mit Salz, Pfeffer und Zucker würzen. Olivenöl unterschlagen.

7. Die marinierten Kaninchenstücke abtropfen lassen, mit Salz würzen, auf den gefetteten Grillrost des heißen Grills legen, bei nicht zu starker Hitze 20–30 Minuten grillen, dabei die Stücke mehrmals wenden, damit sie nicht zu dunkel werden.

8. Radicchio mit der Salatsauce mischen und zu den gegrillten Kaninchenkeulen reichen.

Zubereitungszeit: 70 Minuten | Marinierzeit: etwa 60 Minuten | Grillzeit: 20–30 Minuten | 10 Portionen | Pro Portion: E: 36 g, F: 14 g, Kh: 4 g, kcal: 288

TIPP

Frisches Baguette oder Ciabatta zu den Kaninchenkeulen servieren.

KALBSSTEAKS
MIT LIMETTEN UND GEMÜSESPIESSEN

16 kleine Kalbssteaks aus der Keule
(je etwa 100 g)
4 Bio-Limetten
(unbehandelt, ungewachst)
16 EL Olivenöl

Für die Gemüsespieße:
2 kleine Zucchini
(etwa 400 g)
2 kleine Auberginen
(etwa 440 g)
24 kleine Cocktailtomaten
(etwa 500 g)
50 g TK-Kräuter der Provence
8 EL Olivenöl
Salz
gem. Pfeffer
evtl. 1–2 EL rosa Pfefferbeeren

Außerdem:
8 Holz- oder Metallspieße

1. Die Kalbssteaks mit Küchenpapier trocken tupfen. Steaks in eine flache Schale oder Auflaufform legen. Limetten heiß abspülen, abtrocknen und in Spalten schneiden. Limettenspalten auf den Kalbssteaks verteilen. Das Olivenöl darüberträufeln. Die Kalbssteaks zugedeckt im Kühlschrank etwa 60 Minuten marinieren.

2. Für die Spieße Zucchini und Auberginen abspülen, abtrocknen und die Enden abschneiden. Zucchini und Auberginen in mundgerechte Stücke schneiden. Tomaten abspülen, abtrocknen und die Stängelansätze entfernen.

3. Das vorbereitete Gemüse in bunter Reihenfolge auf Holz- oder Metallspieße stecken. Die Gemüsespieße in eine flache Schale oder Auflaufform legen und mit Kräutern der Provence bestreuen. Gemüsespieße mit Olivenöl beträufeln und ebenfalls zugedeckt im Kühlschrank etwa 60 Minuten marinieren.

4. Die Kalbssteaks, die Limettenspalten und die Gemüsespieße (evtl. etwas abtropfen lassen) auf den gefetteten Grillrost des heißen Grills legen und etwa 10 Minuten grillen, dabei gelegentlich wenden. Kalbssteaks und Gemüsespieße mit Salz und Pfeffer würzen. Die Kalbssteaks nach Belieben mit Pfefferbeeren bestreuen.

Zubereitungszeit: 45 Minuten | Marinierzeit: etwa 60 Minuten | Grillzeit: etwa 10 Minuten | 8 Portionen | Pro Portion: E: 43 g, F: 36 g, Kh: 4 g, kcal: 514

TIPP

Die Gemüsespieße am besten auf mit etwas Speiseöl bestrichener Alufolie oder in Alu-Grillschalen (ebenfalls geölt) am Rand des Grillrosts grillen.

GEGRILLTE RINDERSTEAKS
MIT ANANAS-SALSA

8 Rinderfiletsteaks (je etwa 180 g)
4 Knoblauchzehen
12 EL Olivenöl
40–50 ml Zitronensaft
grob gem. Pfeffer

Für die Ananas-Salsa:
195 g abgetropfte Ananasscheiben (aus der Dose)
1 große rote Zwiebel
1 TL rosa Pfefferbeeren
1 TL grüne Pfefferkörner
180 g Tomatenketchup
70 g Ajvar (mild, aus dem Glas)
4 EL Ananassaft (aus der Dose)

Salz

1. Die Steaks mit Küchenpapier trocken tupfen. Knoblauch abziehen und durch eine Knoblauchpresse drücken. Olivenöl mit Zitronensaft, Knoblauch und Pfeffer verschlagen. Die Steaks in eine flache Schale legen und mit der Marinade begießen. Die Steaks zugedeckt im Kühlschrank etwa 60 Minuten marinieren. Dabei die Steaks gelegentlich wenden.

2. Von den Ananasscheiben den Saft auffangen und 4 Esslöffel vom Saft abmessen. Die Zwiebel abziehen und fein würfeln. Die Ananasscheiben in kleine Stücke schneiden.

3. Zwiebelwürfel und Ananasstücke in eine Schüssel geben, mit Pfefferbeeren, Pfefferkörnern, Ketchup, Ajvar und dem abgemessenen Ananassaft verrühren.

4. Die Steaks abtropfen lassen und auf den gefetteten Grillrost des heißen Grills legen. Die Steaks von jeder Seite 8–10 Minuten grillen, dabei gelegentlich mit der Marinade bestreichen. Die Steaks zum Schluss mit Salz bestreuen.

Beilage: Kartoffelecken aus dem Backofen.

Zubereitungszeit: 60 Minuten | Marinierzeit: etwa 60 Minuten | Grillzeit: 16–20 Minuten | 8 Portionen | Pro Portion: E: 39 g, F: 10 g, Kh: 11 g, kcal: 293

TIPP

Die Entscheidung, ob Sie besser Holzkohle oder Grillbriketts verwenden, liegt bei Ihnen. Holzkohle glüht schneller vor und entwickelt schneller größere Hitze. Grillbriketts hingegen haben eine längere Vorglühphase, halten aber die Glut und damit die Hitze länger.

LAMMSTEAKS
MIT HARISSA

8 Lammsteaks
(aus der Keule, je etwa 180 g)

Für die Marinade:
180 g Harissa
(scharfe Würzpaste)
2 EL Sesamöl
6 EL Olivenöl
gem. Pfeffer
einige Zweige Rosmarin

1. Die Lammsteaks mit Küchenpapier trocken tupfen und waagerecht einmal durchschneiden. Die Lammsteaks in eine Schale legen.

2. Für die Marinade Harissa mit Sesam- und Olivenöl verrühren und mit Pfeffer würzen. Rosmarin abspülen und trocken tupfen, die Nadeln von den Stängeln zupfen. Einige Nadeln zum Garnieren beiseitelegen. Restliche Nadeln unter die Marinade rühren.

3. Die Lammsteaks mit der Marinade bestreichen, zugedeckt einige Stunden, am besten über Nacht, im Kühlschrank durchziehen lassen. Die Steaks nach einigen Stunden wenden.

4. Die Lammsteaks evtl. etwas abtropfen lassen, auf den gefetteten Grillrost des heißen Grills legen und unter mehrmaligem Wenden etwa 15 Minuten grillen.

Beilage: Folienkartoffeln vom Grill. Dazu 8 große Kartoffeln unter fließendem kalten Wasser gründlich abbürsten. Die Kartoffeln in kochendem Salzwasser etwa 20 Minuten vorgaren. Die Kartoffeln dann jeweils in einen leicht gefetteten Bogen Alufolie einwickeln und auf dem Grill weitere etwa 15 Minuten grillen, dabei gelegentlich wenden. Wenn die Kartoffeln gar sind, die Alufolie öffnen. Die Kartoffeln mit 2 Gabeln aufbrechen und mit Sauerrahm oder Kräuterbutter füllen.

Zubereitungszeit: 25 Minuten | Durchziehzeit: etwa 1 Tag (mindestens 12 Stunden) | Grillzeit: etwa 15 Minuten | 8 Portionen | Pro Portion: E: 37 g, F: 12 g, Kh: 1 g, kcal: 255

TIPP

Marinaden geben dem Grillgut nicht nur Geschmack, sondern wirken auch als „Zartmacher". Für eigene Marinadenideen sind Ihnen eigentlich keine Grenzen gesetzt. Damit Ihr Gegrilltes am Ende nicht überwürzt schmeckt und der Eigengeschmack verloren ist, würzen Sie in Maßen. Salzen Sie das zu Grillende erst kurz vor oder nach dem Grillen. Vor dem Grillen die Marinade immer gut abtropfen lassen, damit die Marinade nicht in die Glut tropft.

SPARERIBS

1 Gemüsezwiebel
1 kleines Bund Suppengrün
(Möhre, Sellerie, Lauch)
10 Pfefferkörner
4 Lorbeerblätter
Salz
4–5 kg dünne Rippe (vom Schwein)
800 ml Barbecue-Sauce (siehe Tipp)

1. Den Kochtopf des Eintopf-Ofens halbvoll mit Wasser füllen und das Wasser zum Kochen bringen.

2. In der Zwischenzeit Zwiebel abziehen und halbieren. Suppengrün putzen, evtl. schälen, waschen, abtropfen lassen und in grobe Stücke schneiden. Zwiebelhälften, Suppengrün, Pfefferkörner, Lorbeerblätter und etwas Salz ins Wasser geben und wieder zum Kochen bringen.

3. Schweinerippchen halbieren oder dritteln, mit Küchenpapier trocken tupfen und in das kochende Wasser geben. Darauf achten, dass die Rippchen vollständig mit Wasser bedeckt sind. Die Rippchen 45–60 Minuten mit Deckel köcheln lassen, bis sich das Fleisch leicht vom Knochen löst.

4. Den Ofen zum Grillen vorbereiten. Die Glut auf mittlere Hitze halten.

5. Die Rippchen mit einer Schaumkelle aus der Brühe nehmen, abtropfen lassen, auf den gefetteten Grillrost des heißen Grills legen und portionsweise 12–15 Minuten mit Deckel grillen. Nach der Hälfte der Grillzeit die Rippchen einmal wenden.

6. Die Rippchen von beiden Seiten mit der Barbecue-Sauce bestreichen und sofort servieren.

Zubereitungszeit: 20 Minuten | Koch- und Grillzeit: 55–75 Minuten | 8–10 Portionen | Pro Portion: E: 89 g, F: 97 g, Kh: 31 g, kcal: 1352

TIPP

Für eine schnelle Barbecue-Sauce 2 klein gewürfelte Zwiebeln, etwa 600 g Tomatenketchup, 1 gehäuften Esslöffel Sambal Oelek, 200 ml starken Espresso und 1 Handvoll gehackte Petersilie in eine hohe Rührschüssel geben und mit dem Pürierstab kräftig durchmixen.
Die Rippchen schon am Vortag kochen, im Sud auskühlen lassen und am nächsten Tag im Eintopfofen zubereiten.

THUNFISCHSTEAKS
IN KRÄUTERN UND KNOBLAUCH

25 g TK-Kräuter der Provence
4–5 Knoblauchzehen
8 Thunfischsteaks (je etwa 130 g)
geschroteter bunter Pfeffer
Salz

Außerdem:
8 Bögen Alufolie
etwas Speiseöl zum Bestreichen der Alufolie

1. Die Kräuter der Provence in ein kleines Schälchen geben. Knoblauchzehen abziehen, durch eine Knoblauchpresse zu den Kräutern drücken oder in sehr feine Scheiben schneiden und mit den Kräutern mischen.

2. Die Thunfischsteaks mit Küchenpapier trocken tupfen. Je 1 Thunfischsteak auf je ein mit Speiseöl bestrichenes Stück Alufolie legen.

3. Die Thunfischsteaks mit dem Kräutergemisch bestreichen und mit Pfeffer bestreuen. Jedes Thunfischsteak in der Alufolie zu einem Päckchen einpacken und im Kühlschrank über Nacht durchziehen lassen.

4. Die Thunfischsteak-Päckchen auf den gefetteten Grillrost des heißen Grills legen und unter gelegentlichem Wenden etwa 15 Minuten grillen. Thunfischsteaks zum Servieren mit Salz bestreuen.

Beilage: Ein bunt gemischter Salat aus Paprikaschoten- und Zucchiniwürfeln, Tomaten- und Olivenscheiben in Essig-Öl-Dressing. Dazu Baguette oder Roggenbrot reichen.

Zubereitungszeit: 40 Minuten | Durchziehzeit: etwa 1 Tag (mindestens 12 Stunden) | Grillzeit: etwa 15 Minuten | 8 Portionen | Pro Portion: E: 32 g, F: 24 g, Kh: 1 g, kcal: 343

TIPP

Verwenden Sie zum Anzünden der Holzkohle oder der Grillbriketts einen Anzündkamin oder Sicherheitsbrennpaste bzw. Sicherheitsanzünder. Beachten Sie bitte in jedem Fall die entsprechende Herstelleranleitung.

GEKRÄUTERTE LACHSFORELLE
MIT GRÜNER TABASCO-MAYONNAISE

Für die Tabasco-Mayonnaise:
je 1 Bund Dill, Schnittlauch und Petersilie, klein gehackt
300 g saure Sahne
4 EL Salatmayonnaise
2 TL mittelscharfer Senf
2 hart gekochte Eier, klein gehackt
abgeriebene Schale und Saft von 2 Bio-Limetten (unbehandelt, ungewachst)
Salz
gem. Pfeffer
1 Prise Zucker
grüne Tabascosauce

Für die Lachsforellenfilets:
8 Lachsforellenfilets mit Haut (je 200–230 g, küchenfertig, ohne Gräten)
1 Bund Petersilie
1 TL frisch geschroteter bunter Pfeffer
1 Rezept Limetten-Majoran-Marinade (siehe Tipp)

1. Für die grüne Tabasco-Mayonnaise alle Zutaten in eine Schüssel geben und mit einem Schneebesen verrühren. Mit Salz, Pfeffer, Zucker und grüner Tabascosauce abschmecken.

2. Für die Lachsforellenfilets den Fisch mit Küchenpapier trocken tupfen. Petersilie abspülen, trocken tupfen und die Blättchen von den Stängeln zupfen. Blättchen fein hacken. Petersilie mit buntem Pfeffer zur Limetten-Majoran-Marinade geben und die Filets darin 4–5 Minuten marinieren.

3. Filets abtropfen lassen, portionsweise mit der Hautseite nach oben auf den gefetteten Grillrost des heißen Grills legen und mit Deckel bei mittlerer bis starker Hitze (160–180 °C) 1–2 Minuten grillen. Danach die Filets mit einem genügend großen Wender umdrehen und auf der Hautseite in 3–4 Minuten zu Ende grillen.

4. Den Wender zwischen Haut und Fleisch schieben, die Filets von der Haut heben und mit der grünen Tabasco-Mayonnaise servieren.

Zubereitungszeit: 15-20 Minuten | Marinierzeit: 4–5 Minuten | Grillzeit: 4–6 Minuten pro Portion | 8 Portionen | Pro Portion: E: 42 g, F: 55 g, Kh: 3 g, kcal: 674

TIPP

Für die Limetten-Majoran-Marinade 2 durchgepresste Knoblauchzehen, klein gehackte Blättchen von 6 Stängeln Majoran, 200 ml Olivenöl sowie abgeriebener Schale und Saft von 2 Bio-Limetten (unbehandelt, ungewachst) in einer flachen Schale verrühren und mit Salz und Cayennepfeffer würzen.
Diese Marinade kann auch für andere Grillfische oder Grillfleisch (jeweils für 1–1 ½ kg Fisch oder Fleisch) verwendet werden.

CURRY-HUHN

Für das Curry-Rub:
3 TL Meersalz
1 TL Currypulver
1 TL Koriandersamen
1 TL gem. Ingwer
½ TL gem. Piment
½ TL Kurkuma
½ TL gem. Zimt
1 TL brauner Zucker

1 küchenfertiges Hähnchen (etwa 1 ½ kg)
4 EL Rapsöl

1. Für das Curry-Rub Meersalz, Currypulver, Koriandersamen, Ingwer, Piment, Kurkuma, Zimt und braunen Zucker in einen Mörser geben und mit dem Stößel zerstoßen.

2. Das Hähnchen innen und außen mit Küchenpapier gut trocken tupfen und anschließend von innen und außen mit Rapsöl und 5–6 Teelöffeln von dem Curry-Rub einreiben.

3. Die Hähnchenbräter-Vorrichtung in den Eintopf-Ofen einhängen. Das Hähnchen auf den Bräterfuß setzen, den Fuß mit dem Huhn auf die Fettauffangschale stellen und das Curry-Huhn mit Deckel bei mittlerer bis starker Hitze (160–180 °C) 50–55 Minuten garen.

Zubereitungszeit: 15 Minuten | Garzeit: 50-55 Minuten |
2–4 Portionen, je nach Appetit | Pro Portion: E: 85 g, F: 65 g, Kh: 3 g, kcal: 950

TIPP

Man rechnet pro 500 g Hähnchen etwa 20 Minuten Garzeit. Auf diese Weise kann auch jedes andere Geflügel gegart werden. Feuern Sie den Eintopf-Ofen stets behutsam ohne Deckel an und geben Sie anfangs nicht zu viel Brennmaterial in den Brennraum des Ofens. Eine zu starke Hitzeentwicklung lässt den Ofen schnell durchbrennen. Und öffnen Sie beim Garen oder Grillen den Deckel nicht unnötig. Dann bleibt das Gar- oder Grillgut optimal von der Hitze umgeben.

HUHN PROVENZALISCH

Für das Provence-Rub:
3 TL Meersalz
1 TL Rosmarin (frisch oder gerebelt)
1 TL Thymian (frisch oder gerebelt)
1 TL Fenchelsamen
1 TL abgeriebene Schale von 1 Bio-Zitrone (unbehandelt, ungewachst)

1 küchenfertiges Hähnchen (etwa 1 ½ kg)
4 EL Sonnenblumenöl

1. Für das Provence-Rub Meersalz, Rosmarin, Thymian, Fenchelsamen und Zitronenschale in einen Mörser geben und mit dem Stößel zerstoßen.

2. Das Hähnchen innen und außen mit Küchenpapier gut trocken tupfen und anschließend von innen und außen mit Sonnenblumenöl und 5–6 Teelöffeln von dem Provence-Rub einreiben.

3. Die Hähnchenbräter-Vorrichtung in den Eintopf-Ofen einhängen. Das Hähnchen auf den Bräterfuß setzen, den Fuß mit dem Huhn auf die Fettauffangschale stellen und das Huhn provenzalisch mit Deckel bei mittlerer bis starker Hitze (160–180 °C) 50–55 Minuten garen.

Zubereitungszeit: 15 Minuten | Garzeit: 50–55 Minuten |
2–4 Portionen, je nach Appetit | Pro Portion: E: 85 g, F: 65 g, Kh: 1 g, kcal: 936

TIPP

Die Temperatur im Garraum des Eintopf-Ofens wird zum größten Teil durch die Menge des Brennmaterials beeinflusst. Für eine gleichmäßige Hitze reicht eine dünne Schicht Brennmaterial aus. Das individuelle Positionieren und Häufen von Brennmaterial schafft unterschiedliche Temperaturzonen.

SCHWEINEFILET IM GANZEN

Für die Marinade:
4 EL Tomatenketchup
Saft und Schale von 1 Bio-Orange (unbehandelt, ungewachst)
4 EL Sherry- oder Apfelessig
50–80 ml starker Espresso
1 grüne Chilischote, klein gewürfelt
2 kleine Zwiebeln, klein gewürfelt
4–6 EL Erdnussöl

3 Schweinefiletstränge (je etwa 300 g)
grobes Meersalz

1. Für die Marinade alle Zutaten in einer Schale mischen. Fleisch mit Küchenpapier trocken tupfen, in der Marinade wälzen und zugedeckt 2–3 Stunden bei Zimmertemperatur marinieren, dabei hin und wieder wenden.

2. Filets in einer Grillschale ohne Löcher auf dem heißen Grill bei kleiner bis mittlerer Hitze (100–120 °C) 30–40 Minuten garen. Dabei 2–3 mal wenden und noch einmal mit der restlichen Marinade bestreichen.

3. Filets 5–10 Minuten ruhen lassen, quer zur Faser aufschneiden, mit Meersalz würzen und den Sud aus der Grillschale dazu servieren.

Zubereitungszeit: 15–20 Minuten, ohne Ruhezeit | Marinierzeit: 2–3 Stunden | Grillzeit: 30–40 Minuten | 6 Portionen | Pro Stück: E: 33 g, F: 10 g, Kh: 5 g, kcal: 246

RINDERFILET IM GANZEN

Foto

1 kg Rinderfilet (nach Möglichkeit das Mittelstück, damit es gleichmäßig gart)
1 Knoblauchzehe
½ EL geschroteter bunter Pfeffer
1 Msp. Cayennepfeffer
1 Msp. Nelkenpulver
2 EL Balsamico-Essig
125 ml Speiseöl, z.B. Sonnenblumenöl

1. Das Filet mit Küchenpapier trocken tupfen. Knoblauch abziehen und durch eine Knoblauchpresse drücken. Mit den Gewürzen mischen und das Filet gut damit einreiben.

2. Essig und Öl in eine Schale geben, Fleisch darin wälzen und zugedeckt etwa 2 Stunden bei Zimmertemperatur marinieren, dabei hin und wieder wenden.

3. Das Fleisch aus der Marinade nehmen, gut abtropfen lassen, auf den gefetteten Grillrost des heißen Grills legen und bei kleiner bis mittlerer Hitze (100–120 °C) 45–50 Minuten garen. Dabei 3-mal längs um 90 Grad drehen.

4. Das Fleisch vor dem Aufschneiden etwa 10 Minuten zugedeckt ruhen lassen.

Zubereitungszeit: 15–20 Minuten, ohne Ruhezeit | Marinierzeit: etwa 2 Stunden | Grillzeit: 45–50 Minuten | 6 Portionen | Pro Stück: E: 35 g, F: 28 g, Kh: 0 g, kcal: 389

SCHWEINENACKEN GEGRILLT

PORK BRISKET – LOW AND SLOW

2 Schweinenacken, nicht zu mager (je 1 ½–2 kg)
All–Day–Rub (siehe Tipp)
Bier oder Wasser
evtl. grobes Meersalz

Für die Mopp-Sauce:
500 ml dunkles Weizenbier
Saft und abgeriebene Schale von 4 Bio-Orangen (unbehandelt, ungewachst)
1 kleine rote Zwiebel, fein gewürfelt
1 EL Senf
1 EL Worchestersauce
1 EL Paprikapulver edelsüß
½ EL Chilipulver
1 EL All-Day-Rub

Außerdem:
2 große Bögen Alufolie

1. Den Schweinenacken mit Küchenpapier trocken tupfen. Von dem All-Day-Rub 1 Esslöffel für die Sauce beiseitestellen, das Fleisch mit dem restlichen All-Day-Rub gründlich einreiben und in einem Plastikbeutel über Nacht im Kühlschrank marinieren lassen. Das Fleisch einige Stunden vor dem Grillen aus dem Kühlschrank nehmen und bei Raumtemperatur stehen lassen.

2. Für die Mopp-Sauce alle Zutaten miteinander vermischen.

3. Den Grillrost ohne Kohleschale in den Eintopf-Ofen einhängen. Die gewürzten Schweinenacken in eine Grillschale ohne Löcher legen, auf den Grillrost des heißen Grills stellen und 5–10 mm hoch Bier oder Wasser in die Schale füllen. Schweinenacken mit Deckel bei kleiner bis mittlerer Hitze (100–120 °C) etwa 2 ½ Stunden garen. Dabei das Fleisch etwa alle 30 Minuten mit der Mopp-Sauce bepinseln (moppen) und bei Bedarf Bier oder Wasser auf 5–10 mm Höhe nachfüllen.

4. Danach Schweinenacken fest in Alufolie einwickeln und weitere etwa 30 Minuten im Ofen garen. Dadurch gart das Fleisch weiter, ohne Feuchtigkeit abzugeben.

5. Das Fleisch in der Folie 15–20 Minuten ruhen lassen. Alufolie behutsam entfernen, das Fleisch in dünne Scheiben (zum Belegen von Burgern oder Sandwiches) oder in Stücke (zum direkten Verzehr) schneiden. Evtl. mit grobem Meersalz nachwürzen.

Zubereitungszeit: 10–15 Minuten, ohne Ruhezeit | Marinierzeit: etwa 12 Stunden | Grillzeit: 2 ½–3 Stunden | 8–10 Portionen | Pro Portion: E: 68 g, F: 43 g, Kh: 9 g, kcal: 727

TIPP

Für das All-Day-Rub 5 Esslöffel Meersalz, 2–3 Esslöffel Szechuanpfeffer, 1 gehäuften Esslöffel Instant-Kaffeepulver und 1 Esslöffel braunen Zucker in einen Mörser geben und mit dem Stößel zerstoßen.
Zum gegrillten Schweinenacken passen leckere BBQ-Saucen.

WÜRZIGE LAMMKEULE

Für die Marinade:
4 Knoblauchzehen
2 TL Paprikapulver rosenscharf
2 TL Kreuzkümmel
1 TL Chilipulver
1 TL Cayennepfeffer
4 TL brauner Zucker
2 TL gerebelter Oregano
2 TL Senf
3 EL grobes Meersalz
4 EL Olivenöl

2 ausgelöste Lammkeulen
(je etwa 1 ½ kg)
Wasser
evtl. grobes Meersalz

1. Für die Marinade Knoblauch abziehen und durch eine Knoblauchpresse drücken. Knoblauch mit den restlichen Zutaten für die Marinade in einer Schüssel vermischen.

2. Die Lammkeulen mit Küchenpapier trocken tupfen und rundherum mit der Marinade einreiben. Wenn Zeit ist, das Fleisch über Nacht in einem verschlossenen Plastikbeutel im Kühlschrank marinieren lassen. Es schmeckt aber auch ohne lange Marinierzeit. Das Fleisch 30–45 Minuten vor dem Grillen aus dem Kühlschrank nehmen.

3. Den Grillrost ohne Kohleschale in den Eintopf-Ofen einhängen. Die gewürzten Lammkeulen in eine Grillschale ohne Löcher legen, auf den Grillrost des heißen Grills stellen und 5–10 mm hoch Wasser in die Schale füllen. Die Lammkeulen mit Deckel bei mittlerer Hitze (120–150 °C) 2–2 ½ Stunden garen. Dabei das Fleisch etwa alle 30 Minuten mit dem Garsud aus der Schale bepinseln und die Grillschale wieder mit Wasser auf 5–10 mm Höhe auffüllen.

4. Die Keulen etwa 15 Minuten ruhen lassen, aufschneiden und evtl. mit grobem Meersalz bestreut servieren.

Zubereitungszeit: 10–15 Minuten, ohne Ruhezeit | Marinierzeit: evtl. etwa 12 Stunden | Grillzeit: 2–2 ½ Stunden | 8–10 Portionen | Pro Portion: E: 60 g, F: 65 g, Kh: 2 g, kcal: 830

TIPP

Mit BBQ-Sauce servieren. Die BBQ-Sauce kann noch mit etwas Garsud aus der Grillschale verfeinert werden.

BACKKARTOFFELN
MIT ROSMARIN-BUTTER

8 Ofenkartoffeln
(je etwa 250 g)
3 Stängel Rosmarin
1 kleines Bund Schnittlauch,
in Röllchen
2 Knoblauchzehen, durchgepresst
200 g Butter (zimmerwarm)
Salz
gem. Pfeffer

Außerdem:
8 Bögen Alufolie
etwas Pflanzenöl zum Bepinseln
4 TL grobes Meersalz

1. Kartoffeln gründlich waschen. Alufolie auf die Arbeitsfläche legen, jeweils mit etwas Öl bepinseln, mit Meersalz (je ½ Teelöffel) bestreuen und die Kartoffeln einzeln darin einwickeln.

2. Die Kartoffeln in die Lochpfanne des Eintopf-Ofens legen und die Pfanne in den heißen Eintopf-Ofen einhängen. Die Kartoffeln mit Deckel bei starker Hitze (180–200 °C) 60–70 Minuten garen.

3. In der Zwischenzeit Rosmarin abspülen, trocken tupfen und die Nadeln von den Stängeln zupfen. Kräuter und Knoblauch mit der Butter vermischen und mit Salz und Pfeffer abschmecken. Rosmarin-Butter bis zum Servieren beiseitestellen.

4. Sobald die Kartoffeln gar sind, die Alufolie leicht öffnen, Kartoffeln in der Folie kreuzweise einritzen, leicht auseinanderdrücken und etwas abdampfen lassen. Jeweils 1 gehäuften Teelöffel Rosmarin-Butter daraufgeben und servieren.

Zubereitungszeit: 10-15 Minuten | Garzeit: 60-70 Minuten |
8 Portionen | Pro Portion: E: 4 g, F: 25 g, Kh: 32 g, kcal: 375

GRILLTOMATEN

4 Fleisch- oder Ochsenherztomaten
(je 250–300 g)
Salz
gem. Pfeffer
2 EL Kräuter der Provence oder
italienische Kräuter
2 Knoblauchzehen, durchgepresst
50 g Semmelbrösel
200 g Schafskäse
60 g Butter (zimmerwarm)
2 EL Olivenöl

1. Tomaten waschen, abtropfen lassen und die Stängelansätze herausschneiden. Tomaten quer halbieren, mit der Schnittfläche nach oben in die gefettete Lochpfanne des Eintopf-Ofens legen und mit Salz und Pfeffer würzen.

2. Kräuter mit Knoblauch, Semmelbröseln, Schafskäse und Butter vermengen, mit Salz und Pfeffer würzen und auf den Tomaten verteilen. Dabei leicht andrücken.

3. Die Lochpfanne in den heißen Eintopf-Ofen einhängen und die Tomaten darin mit Deckel bei starker Hitze (180–200 °C) 25–30 Minuten garen.

Zubereitungszeit: 10 Minuten | Grillzeit: 25–30 Minuten |
8 Portionen | Pro Stück: E: 6 g, F: 15 g, Kh: 9 g, kcal: 196

GEGRILLTE MAISKOLBEN

1 Bund Petersilie
125 g Butter
8 Maiskolben
(vorgegart, vakuumverpackt)
Salz
gem. bunter Pfeffer

1. Petersilie abspülen, trocken tupfen und die Blättchen von den Stängeln zupfen. Petersilie fein hacken. Die Butter mit der gehackten Petersilie in ein kleines Töpfchen geben, auf den Deckel des heißen Eintopf-Ofens stellen und schmelzen lassen.

2. Den Grillrost ohne Kohleschale in den Eintopf-Ofen einhängen. Jeweils 2 Maiskolben in ein gefettetes Grillkörbchen des Eintopf-Ofens legen, Körbchen auf den Grillrost des heißen Grills legen und mit Deckel bei mittlerer Hitze (140–160 °C) etwa 20 Minuten grillen. Dabei die Körbchen 4-mal um eine Vierteldrehung wenden und den Mais mit etwas Petersilienbutter bepinseln.

3. Die Maiskolben aus den Körbchen nehmen, mit der restlichen Butter bepinseln und mit Salz und buntem Pfeffer würzen.

Zubereitungszeit: 5 Minuten | Grillzeit: etwa 20 Minuten |
4 Stück | Pro Stück: E: 5 g, F: 28 g, Kh: 20 g, kcal: 356

GEGRILLTE FRÜHLINGSZWIEBELN
MIT ROMESCO-SAUCE

Für die Romesco-Sauce
6 reife Tomaten (etwa 500 g)
1 große Scheibe Weiß- oder Toastbrot
5 Knoblauchzehen
2 rote Paprikaschoten oder Spitzpaprika (etwa 350 g)
100 g ganze Mandeln, blanchiert, geröstet
½ TL Paprikapulver edelsüß
1 Msp. gem. Kreuzkümmel
½ TL Chiliflocken
abgeriebene Schale und Saft von 1 Bio-Zitrone (unbehandelt, ungewachst)
5–6 EL Olivenöl

1. Für die Romesco-Sauce Tomaten kreuzweise einschneiden und mit kochendem Wasser übergießen. Nach 1–2 Minuten herausnehmen und mit kaltem Wasser abschrecken. Tomaten häuten, halbieren und die Stängelansätze herausschneiden. Tomaten grob würfeln. Weißbrot oder Toastbrot ebenfalls grob würfeln. Knoblauch abziehen und durch eine Knoblauchpresse drücken. Die Paprikaschoten vierteln, entstielen, entkernen und die weißen Scheidewände entfernen. Schotenviertel waschen und abtropfen lassen.

2. Den Grillrost ohne Kohleschale in den Eintopf-Ofen einhängen. Paprikaviertel mit der Hautseite nach unten auf den gefetteten Grillrost des heißen Grills legen und bei mittlerer bis starker Hitze (160–180 °C) grillen, bis die Haut ringsherum schwarz ist und Blasen wirft. Paprika handwarm abkühlen lassen und die Haut mit einem kleinen Messer abziehen.

Fortsetzung Seite 70

Fortsetzung von Seite 68

Salz
1 Prise Zucker
6 Bund Frühlingszwiebeln

3. Brotwürfel mit Knoblauch, gegrillter Paprika, Tomatenwürfeln Mandeln, Paprikapulver, Kreuzkümmel, Chiliflocken, Zitronenschale und -saft sowie Olivenöl in einen hohen Rührbecher geben und zu einer homogenen Masse pürieren. Mit Salz und Zucker abschmecken.

4. Die Frühlingszwiebeln putzen (Wurzel und äußere Blätter dran lassen), waschen und den oberen grünen Teil so weit abschneiden, dass der Lauch in die Grillkörbchen des Eintopf-Ofens passt. Je 1 ½ Bund Frühlingszwiebeln in ein gefettetes Grillkörbchen geben und verschließen. Die Grillkörbchen auf den Grillrost des heißen Grills stellen und insgesamt etwa 20 Minuten grillen. Dabei mit Salz würzen. Die Lauchzwiebeln können auf dem Grill gern die ein oder andere schwarze Stelle bekommen.

5. Nach dem Grillen die äußeren Hüllen der Zwiebeln ablösen bzw. abziehen und mit der Romesco-Sauce servieren.

Zubereitungszeit: 20-25 Minuten, ohne Abkühlzeit | Grillzeit: etwa 20 Minuten | 12 Portionen | Pro Portion: E: 5 g, F: 9 g, Kh: 8 g, kcal: 140

GRILLKÄSE IN KNUSPERBACON

je 3 Stängel Thymian, Rosmarin und Salbei
24 Scheiben Frühstücksspeck (Bacon)
12 Grillkäse (je 100 g)
gem. Pfeffer
evtl. etwas Knoblauch- oder Paprikaöl

1. Die Kräuter abspülen, trocken tupfen und die Blättchen bzw. die Nadeln von den Stängeln zupfen.

2. Je 2 Scheiben Bacon nebeneinander auf die Arbeitsfläche legen und mit den Kräuterblättchen und Rosmarinnadeln belegen. Jeweils 1 Grillkäse darauflegen und fest in den Bacon einwickeln.

3. Den Grillkäse in die gefetteten Grillkörbchen des Eintopf-Ofens legen, die Körbchen auf den Grillrost des heißen Grills legen und den Käse bei mittlerer Hitze (140–160 °C) 10–12 Minuten grillen, bis der Bacon schön knusprig ist. Das Ganze mit Pfeffer würzen und aus den Grillkörbchen nehmen.

4. Zum Servieren den Grillkäse evtl. mit etwas Knoblauch- oder Paprikaöl bestreichen.

Zubereitungszeit: 10 Minuten | Grillzeit: 10-12 Minuten | 12 Portionen | Pro Portion: E: 21 g, F: 36 g, Kh: 3 g, kcal: 421

GEGRILLTER BRATAPFEL
MIT DOMINOSTEINEN

8 säuerliche Äpfel, z.B. Boskop
24 Dominosteine
80 g Butter
etwas gem. Zimt

Außerdem:
8 Bögen Alufolie
etwas Butter zum Bestreichen

1. Die Äpfel abspülen, abtrocknen und mit einem Apfelausstecher die Kerngehäuse entfernen. Die Schale rundherum etwa 5 mm tief einschneiden, damit die Äpfel beim Grillen nicht ungleichmäßig aufplatzen.

2. Je 3 Dominosteine in die Öffnung der Äpfel stecken (die Dominosteine evtl. vorher grob hacken).

3. Alufolie auf der Arbeitsfläche auslegen und mit etwas Butter bestreichen. Die gefüllten Äpfel jeweils in die Mitte der Alufolie setzen. Butter achteln, jeweils 1 Butterstück auf 1 Apfel legen. Die Äpfel mit etwas Zimt bestreuen.

4. Die Folie gut verschließen und auf dem Grillrost des heißen Grills im Randbereich etwa 45 Minuten grillen. Nach jeweils 15 Minuten die Äpfel etwa ein Drittel um ihre eigene Achse drehen, damit sie von allen Seiten gleichmäßig garen.

5. Anschließend die Folie von oben öffnen und den Bratapfel einfach herauslöffeln.

Zubereitungszeit: 30 Minuten | Grillzeit: etwa 45 Minuten | 8 Portionen | Pro Portion: E: 3 g, F: 17 g, Kh: 43 g, kcal: 341

TIPP

Zimt kann durch Lebkuchengewürz ersetzt werden. Nach dem Öffnen jeweils einfach ein kleines Löffelchen Crème fraîche auf den Äpfeln schmelzen lassen.

BESCHWIPSTE SCHOKOBANANE

8 reife Bananen
32 Stücke Zartbitter- oder Vollmilch-Schokolade
80 ml Eierlikör

Außerdem:
8 Bögen Alufolie

1. Die Bananen auf die Arbeitsfläche legen und der Länge nach knapp zwei Drittel tief einschneiden. Die eingeschnittenen Bananen etwas aufdrücken (damit später nicht zu viel von der Schokolade aus der Banane läuft).

2. Dann jeweils 4 Schokoladenstücke in die Spalten der Bananen setzen und jede Banane in einen Bogen Alufolie einpacken.

3. Die Bananen auf dem Grillrost des heißen Grills im Randbereich 15–20 Minuten grillen, dabei die Bananen nicht drehen.

4. Die gegrillten Bananen vom Grill nehmen, die Alufolie an der Oberseite öffnen und aufklappen. Die Bananen mit Eierlikör beträufeln und servieren.

Zubereitungszeit: 20 Minuten | Grillzeit: 15–20 Minuten | 8 Portionen | Pro Portion: E: 3 g, F: 6 g, Kh: 31 g, kcal: 205

TIPP

Die vorbereiteten Bananen vor dem Verpacken noch mit Zimtpulver bestäuben. Statt Zartbitter- und Vollmilch-Schokolade schmeckt auch andere Schokolade, z.B. Nuss-Schokolade oder Nuss-Nougat-Creme lecker. Für Kinder den Eierlikör einfach weglassen.

GLÜHWEIN

Foto

6 l Rotwein
8 Zimtstangen
15 Nelken
8 Sternanis
450 g Zucker
3–4 Bio-Orangen
(unbehandelt, ungewachst)
evtl. etwas Zucker

1. Rotwein mit Zimt, Nelken, Sternanis und Zucker in den Kochtopf geben.

2. Die Orangen heiß abwaschen, abtrocknen und in Scheiben schneiden, in den Topf geben und alles erhitzen (nicht kochen lassen).

3. Den Topf von der Feuerstelle nehmen. Die Gewürze nach Belieben mit einer Schaumkelle herausnehmen. Glühwein evtl. mit etwas Zucker abschmecken.

Zubereitungszeit: 15 Minuten |
24 Portionen | Pro Portion: E: 1 g, F: 0 g, Kh: 16 g, kJ: 734, kcal: 175

KINDERPUNSCH

6 l Obstsaft,
z.B. Apfel-, Kirsch-
oder Orangensaft
3 EL flüssiger Honig
2 TL gem. Zimt
1 gestr. TL gem. Nelken
6–8 EL Zitronensaft

1. Den Obstsaft in dem Kochtopf zum Kochen bringen und den Topf anschließend von der Feuerstelle nehmen.

2. Honig, Zimt, Nelken und Zitronensaft unterrühren. Den Punsch etwa 5 Minuten ziehen lassen.

3. Den Punsch evtl. nochmals mit den Gewürzen abschmecken und danach in Tassen oder Punschgläser füllen. Den Kinderpunsch warm servieren.

Zubereitungszeit: 15 Minuten |
24 Portionen | Pro Portion: E: 1 g, F: 0 g, Kh: 30 g, kcal: 135

C'est

ALLGEMEINE HINWEISE

Abkürzungen

EL	=	Esslöffel
TL	=	Teelöffel
Msp.	=	Messerspitze
Pck.	=	Packung/Päckchen
g	=	Gramm
kg	=	Kilogramm
ml	=	Milliliter
l	=	Liter
evtl.	=	eventuell
geh.	=	gehäuft
gem.	=	gemahlen
gestr.	=	gestrichen
TK	=	Tiefkühlprodukt
°C	=	Grad Celcius
Ø	=	Durchmesser

Kalorien-/Nährwertangaben

E	=	Eiweiß
F	=	Fett
Kh	=	Kohlenhydrate
kcal	=	Kilokalorie

Sicheres Arbeiten mit dem Eintopf-Ofen

Stellen Sie den Eintopf-Ofen auf einen nicht entflammbaren Untergrund. Damit er nicht umkippen kann, muss das Gerät fest und ebenerdig stehen.

Hinweise zu den Rezepten

Lesen Sie vor der Zubereitung – besser noch vor dem Einkauf – das Rezept einmal vollständig durch. So werden Arbeitsabläufe oder -zusammenhänge klarer. In jedem Rezept ist die Anzahl der Portionen angegeben.

Zutatenliste

Die Zutaten sind in der Reihenfolge ihrer Bearbeitung angegeben.

Arbeitsschritte

Die Arbeitsschritte sind einzeln hervorgehoben, in der Reihenfolge, in der sie von uns ausprobiert wurden.

Zubereitungszeiten/Grillzeiten

Die Zubereitungszeit ist ein Anhaltswert für die Zeit der Vorbereitung und die eigentliche Zubereitung. Sie variiert je nach Geschick und Übung.
Die Marinier-, Grill- und Garzeiten sind gesondert ausgewiesen. Wartezeiten wie etwa Kühl- und Auftauzeiten sind nicht mit einbezogen.

Wichtig: Greifen Sie beim Anzünden des Brennmaterials niemals zu Brandbeschleunigern wie Spiritus, Benzin oder Terpentin! Diese Stoffe sind leicht entflammbar und deshalb viel zu gefährlich!

ALPHABETISCHES REGISTER

Genehmigte Sonderausgabe für Verlagsgruppe Weltbild GmbH & Co. KG
Werner-von-Siemens-Str. 1, 86159 Augsburg

Projektleitung Carola Reich

Lektorat no:vum, Susanne Noll, Hennef
Rezeptentwicklung Olaf Brummel, Bielefeld
Nährwertberechnungen Nutri Service, Hennef, Angelika Ilies, Langen

Coverfoto Werbefotografie Weiss GmbH, Gersthofen,
Fotograf Daniel Mühlebach

Foodfotografie Walter Cimbal, Hamburg (S. 51, 55, 61)
Fotostudio Diercks – Kai Boxhammer, Thomas Diercks, Christiane Krüger, Hamburg (S. 4, 9, 13, 15, 17, 21, 27, 29, 31, 33, 35, 45, 49, 53)
Eising Studio Food Photo & Video, München (S. 77)
Ulli Hartmann, Halle/Westfalen (S. 19, 23, 25, 37)
Antje Plewinski, Berlin (S. 11)
Axel Struwe, Bielefeld (S. 7, 39, 41, 43, 47, 57, 59, 63, 65, 67, 69, 70, 73, 75)

Titelgestaltung und Gestaltung MDH Haselhorst, Bielefeld
Satz und Layout MDH Haselhorst, Bielefeld

Druck und Bindung Firmengruppe Appl, aprinta druck, Wemding

Die Bücher und E-Books unter der Marke Dr. Oetker Verlag erscheinen als Lizenz in der ZS Verlag GmbH.
Die ZS Verlag GmbH ist ein Unternehmen der Edel AG, Hamburg.

Die Autoren haben dieses Buch nach bestem Wissen und Gewissen erarbeitet. Alle Rezepte, Tipps und Ratschläge sind mit Sorgfalt ausgewählt und geprüft.

Printed in the EU
978-3-8289-2866-4

2017
Die letzte Jahreszahl gibt die aktuelle Sonderausgabe an.
Einkaufen im Internet:
www.weltbild.de